HIPPOCRENE
Spanish
Children's Picture Dictionary

English – Spanish
Spanish – English

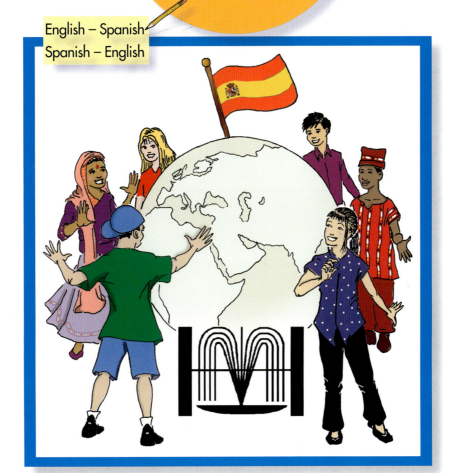

HIPPOCRENE BOOKS
NEW YORK, NY

Text and illustrations © 2006 Hippocrene Books, Inc.

All rights reserved.

ISBN 0-7818-1130-9

Publisher: George Blagowidow
Series Editor: Robert Stanley Martin
Interior illustrations: Nicholas Voltaggio
English word list: Priti Gress, Robert Stanley Martin
Spanish translation and pronunciation material: Ann R. Martin
Spanish copyeditor: María Dominguez
Main cover illustration: Robert Stanley Martin; colors by Cynthia Mallard, Cynergie Studio, Raleigh, NC
Inset cover illustrations: Nicholas Voltaggio

Book and series design: www.GoCreativeDesign.com
Typesetting and pre-press production: Susan A. Ahlquist, Perfect Setting, East Hampton, NY

For information, address:

Hippocrene Books, Inc.
171 Madison Avenue
New York, NY 10016
www.hippocrenebooks.com

Cataloging-in-Publication data available from the Library of Congress

Printed in China.

TABLE OF CONTENTS

Spanish Pronunciation	4
Note on Gender and Number in Spanish	5
Illustrated English – Spanish Dictionary	7
Everyday Expressions	95
Honorifics & Pronouns	96
Time Expressions	96
Months	97
More Numbers	98
Spanish – English Dictionary	99

Spanish Pronunciation

Letter (s)	Pronunciation
A (a)	like the a (*ah*) in father
B (b)	like the b in book
C (c)	like the k in kite
ce	like the s in seven
ci	like see
ch	like the ch in cheese
cua	like the qua in quarrel
cue	like the que in quench
D (d)	like the d in dog
E (e)	like the e (*eh*) in leg
F (f)	like the f in father
G (g)	like the g in goat
	like the j in jam
	like the h in hat
H (h)	usually silent—sometimes sounds like *huh*
I (i)	like the ee in meet
J (j)	like the j in jam
ja	like the ha in hard
ju	like the hoo in hoop
K (k)	like the k in kite
L (l)	like the l in lemon
ll	like the y in yes
M (m)	like the m in man
N (n)	like the n in new
Ñ (ñ)	like the ni (*ny*) in onion
O (o)	like the o in own
P (p)	like the p in potato
Qu (qu)	like the k in kite
R (r)	like the r in ring
rr	like the letters *lr* pronounced together
S (s)	like the s in soap
T (t)	like the t in toy
U (u)	like oo in fool
V (v)	like v in very
W (w)	like the w in water
X (x)	like the ox in box
Y (y)	like the ee in free
Z (z)	like the s in saw

Note on Gender and Number in Spanish

All nouns have a gender in Spanish. They are either masculine or feminine. Masculine nouns end in −*o*. An example is the word for "boat," *barco*. Feminine nouns end in −*a*. An example is the word for "apple," *manzana*. Some nouns do not end in −*o* or −*a*. An example is the word for "airplane," *avión*. When this happens, one must memorize the noun's gender.

This is because the Spanish for the word "the" depends on the gender of the noun. With masculine nouns, the word for "the" is *el*. With feminine nouns, the word for "the" is *la*. For example, one would say *el barco* or *la manzana*. The word *avión* is masculine, so to say "the airplane" in Spanish, one says *el avión*.

A masculine noun will sometimes end in −*a*, like *policía*, the word for "police officer." When this happens, one must also memorize the noun's gender.

All Spanish nouns in this book are listed with the proper word for "the" in parentheses. It is best to learn the right form of "the" when learning the word. This is especially true of words like *avión* and *policía*.

Plural nouns are formed by adding −*s* to the end of the noun. The word *los* is Spanish for "the" with masculine plural nouns. For example, *los barcos*, "the boats." The word *las* is used with feminine plural nouns. To say "the apples" in Spanish, one says *las manzanas*.

A noun that describes a person, such as "doctor," is usually masculine. The Spanish for "doctor" is *médico*. When one does not know if the doctor is a man or a woman, one says *médico*. When the doctor is a man, one also says *médico*. But if the doctor is a woman, one says *médica*. If the person is female, the −*o* at the end of the word becomes an −*a*.

In most Spanish dictionaries, the gender of a noun describing a person is masculine. In this book, the gender of a noun for a person is the gender of the person in the illustration. With "doctor," the picture is of a male doctor, so the word *médico* is used. When the person in the picture is female, the feminine form is used. This is why the word for "mail carrier" is *cartera* instead of *cartero*.

Adjectives are also listed in their masculine form in Spanish dictionaries. But when an adjective describes a noun, the ending has that noun's gender and number.

Consider the Spanish for the adjective "small," *pequeño*. First, remember the word for "boat," *barco*, is a masculine noun. In Spanish, "the small boat" is *el barco pequeño*. To say "the small boats," one says *los barcos pequeños*. With a feminine noun like *manzana*, the word for "apple," the same is true. In Spanish, "the small apple" is *la manzana pequeña*. To say "the small apples," one says *las manzanas pequeñas*.

Remember that, in Spanish, the adjective usually comes after the noun.

If one learns these rules along with the words in this dictionary, one will have a great start in learning to speak Spanish.

¡Que te diviertas!

Aa

afraid   **miedo**
mee-eh-do

airplane   **(el) avión**
(ehl) ah-vee-on

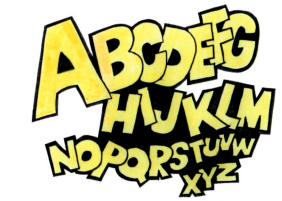

alphabet   **(el) alfabeto**
(ehl) ahl-fah-beh-toh

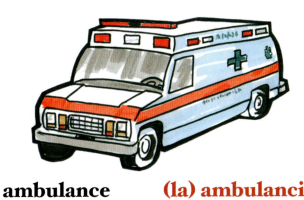

ambulance   **(la) ambulancia**
(lah) ahm-bu-lahn-see-ah

angry   **enojado**
eh-no-hah-doh

ant   **(la) hormiga**
(lah) or-mee-gah

a b c d e f g h i j k l m n o p q r s t u v w x y z

apartment **(el) apartamento**
(ehl) ah-pahr-tah-mehn-toh

apple **(la) manzana**
(lah) mahn-sah-nah

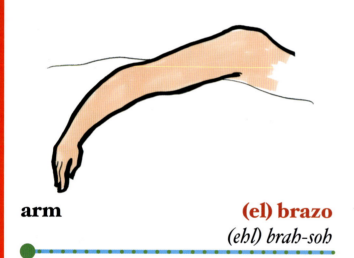

arm **(el) brazo**
(ehl) brah-soh

aunt **(la) tía**
(lah) tee-ah

autumn **(el) otoño**
(ehl) oh-toh-nyoh

a b c d e f g h i j k l m n o p q r s t u v w x y z

Bb

baby **(el) bebé**
(ehl) beh-beh

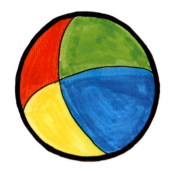

ball **(la) pelota**
(lah) peh-lo-tah

balloon **(el) globo**
(ehl) gloh-boh

banana **(la) banana**
(lah) bah-nah-nah

bank **(el) banco**
(ehl) bahn-koh

barrel **(el) barril**
(ehl) bah-reel

a **b** c d e f g h i j k l m n o p q r s t u v w x y z

baseball   **(el) béisbol**
(ehl) beh-ees-bol

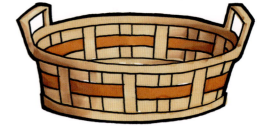

basket   **(el) cesto**
(ehl) ses-toh

bat   **(el) murciélago**
(ehl) mur-see-eh-lah-goh

bathroom   **(el) cuarto de baño**
(ehl) ku-ahr-to deh bah-nyoh

bathtub   **(la) bañadera**
(lah) bah-nyah-deh-rah

beach   **(la) playa**
(lah) plah-yah

a **b** c d e f g h i j k l m n o p q r s t u v w x y z

Bb

beans **(los) frijoles**
(los) free-ho-lehs

bear **(el) oso**
(ehl) oh-soh

bed **(la) cama**
(lah) kah-mah

bedroom **(la) recámara**
(lah) reh-kah-mah-rah

bee **(la) abeja**
(lah) ah-beh-hah

beetle **(el) escarabajo**
(ehl) es-kah-rah-bah-ho

a **b** c d e f g h i j k l m n o p q r s t u v w x y z

bell **(la) campana**
(lah) kahm-pah-nah

bellybutton **(el) ombligo**
(ehl) ohm-blee-goh

belt **(el) cinturón**
(ehl) seen-too-ron

bench **(el) banco**
(ehl) bahn-ko

bicycle **(la) bicicleta**
(lah) bee-see-cleh-tah

big **grande**
grahn-deh

a b c d e f g h i j k l m n o p q r s t u v w x y z

binoculars (los) prismáticos
(los) prees-mah-tee-kohs

bird (el) pájaro
(el) pah-ha-roh

birthday (el) cumpleaños
(ehl) kum-pleh-ah-nyohs

black negro
neh-groh

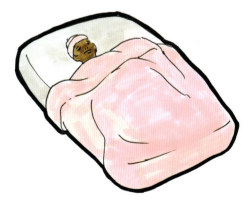

blanket (la) manta
(lah) mahn-tah

blinds (las) persianas
(lahs) pehr-see-ah-nahs

a **b** c d e f g h i j k l m n o p q r s t u v w x y z

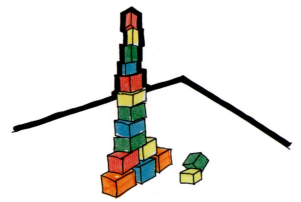

blocks   **(los) bloques**
(los) blow-kehs

blue   **azul**
ah-sul

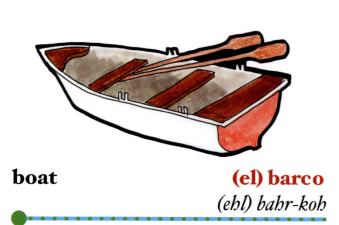

boat   **(el) barco**
(ehl) bahr-koh

book   **(el) libro**
(ehl) lee-broh

bottle   **(la) botella**
(lah) bow-teh-yah

bowl   **(la) escudilla**
(lah) es-koo-dee-yah

a **b** c d e f g h i j k l m n o p q r s t u v w x y z

Bb

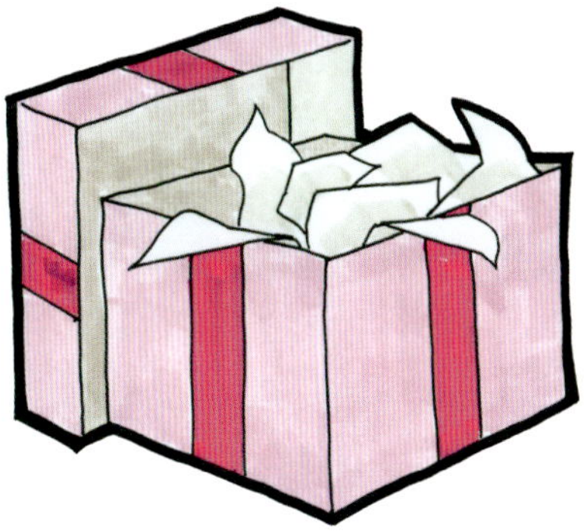

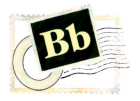

box **(la) caja**
(lah) kah-hah

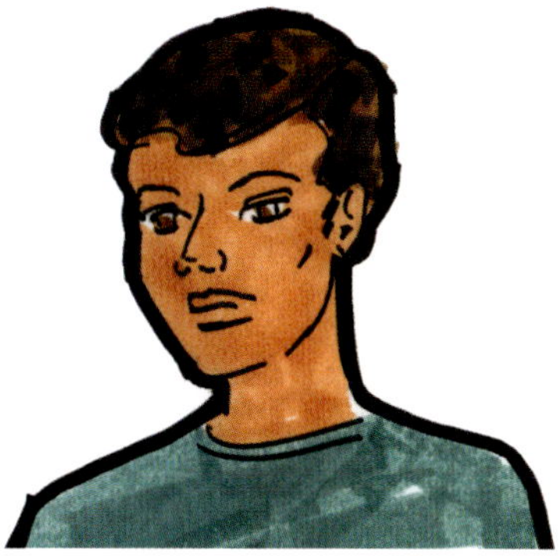

boy **(el) niño**
(ehl) neen-yo

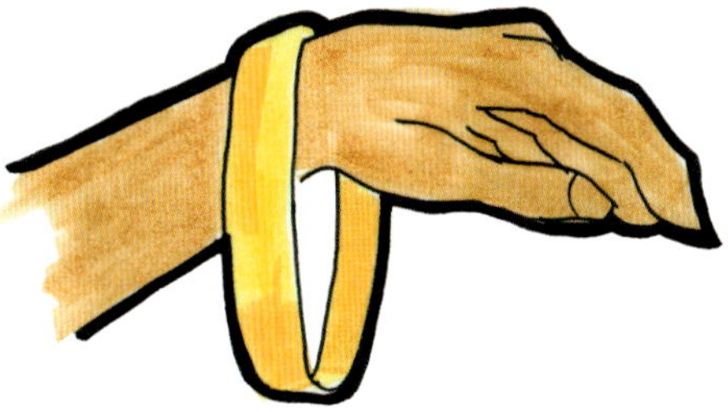

bracelet **(el) brazalete**
(ehl) brah-sah-leh-teh

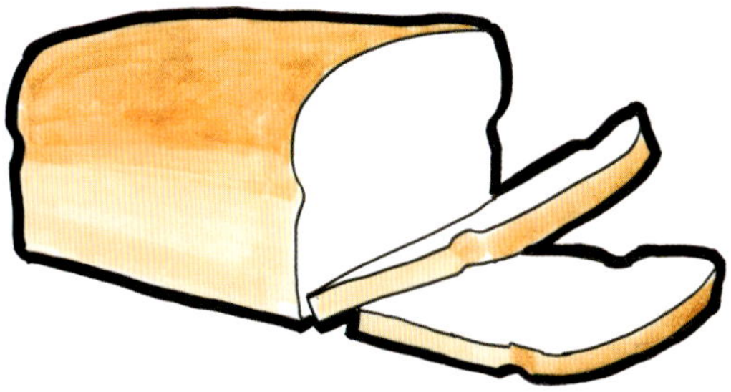

bread **(el) pan**
(ehl) pahn

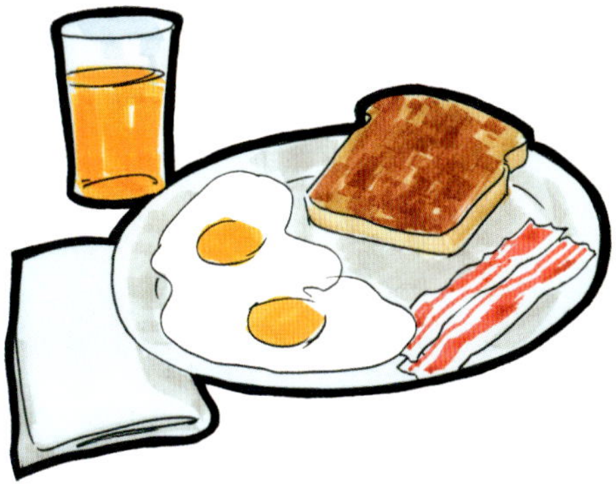

breakfast **(el) desayuno**
(ehl) deh-sah-yoo-noh

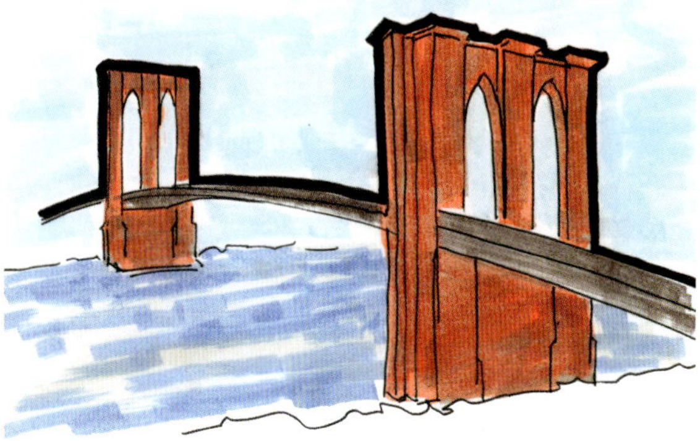

bridge **(el) puente**
(ehl) poo-ehn-teh

broom   **(la) escoba**
(lah) ehs-koh-bah

brother   **(el) hermano**
(ehl) ehr-mah-noh

brown   **pardo**
pahr-doh

brush   **(el) cepillo**
(ehl) seh-pee-yo

bucket   **(el) cubo**
(ehl) koo-boh

building   **(el) edificio**
(ehl) eh-dee-fee-see-oh

bus   **(el) autobús**
(ehl) auh-toh-boos

butter   **(la) mantequilla**
(lah) mahn-teh-kee-yah

butterfly   **(la) mariposa**
(lah) mah-ree-po-sah

(to) buy   **comprar**
kom-prahr

a **b** c d e f g h i j k l m n o p q r s t u v w x y z

cabinet **(el) escaparate**
(ehl) es-kah-pah-rah-teh

cake **(la) torta**
(lah) tor-tah

calendar **(el) calendario**
(ehl) kah-lehn-dah-ree-oh

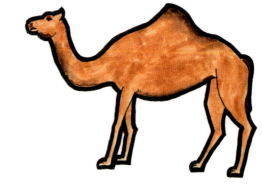

camel **(el) camello**
(ehl) kah-meh-yo

camera **(la) cámara**
(lah) kah-mah-rah

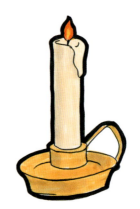

candle **(la) vela**
(lah) veh-lah

a b **c** d e f g h i j k l m n o p q r s t u v w x y z

candy **(el) caramelo**
(ehl) kah-rah-meh-lo

car **(el) carro**
(ehl) kahr-ro

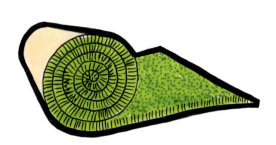

carpet **(la) alfombra**
(la) ahl-fom-brah

carrot **(la) zanahoria**
(la) sah-nah-o-ree-ah

(to) carry **llevar**
yeh-vahr

castle **(el) castillo**
(ehl) kahs-tee-yo

a b **c** d e f g h i j k l m n o p q r s t u v w x y z

Cc

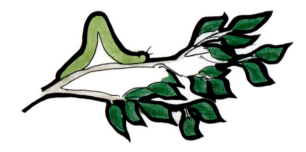

cat **(el) gato**
(ehl) gah-to

caterpillar **(la) oruga**
(lah) or-oo-gah

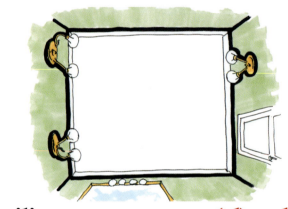

cave **(la) cueva**
(lah) koo-eh-vah

ceiling **(el) techo**
(ehl) teh-cho

chair **(la) silla**
(lah) see-yah

cheek **(la) mejilla**
(lah) meh-hee-yah

a b **c** d e f g h i j k l m n o p q r s t u v w x y z

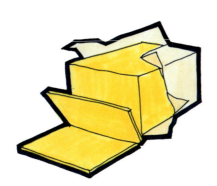

cheese   **(el) queso**
(ehl) keh-so

chef   **(el) jefe de cocina**
(ehl) heh-feh deh ko-see-nah

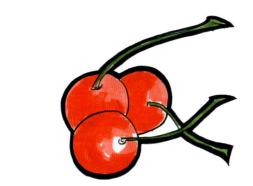

cherry   **(la) cereza**
(lah) seh-reh-sa

chest   **(la) arca**
(lah) ahr-kah

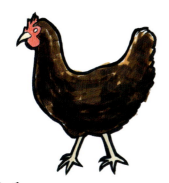

chicken   **(el) pollo**
(ehl) po-yo

child   **(el) niño**
(ehl) neen-yo

a b **c** d e f g h i j k l m n o p q r s t u v w x y z

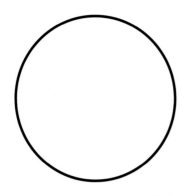

circle   **(el) círculo**
(ehl) seer-koo-lo

circus   **(el) circo**
(ehl) seer-ko

city   **(la) ciudad**
(lah) see-uh-dahd

(to) climb   **subir**
soo-beer

clock   **(el) reloj**
(ehl) rel-lo

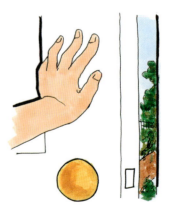

(to) close   **cerrar**
sehr-rahr

a b **c** d e f g h i j k l m n o p q r s t u v w x y z

closet   **(el) armario**
(ehl) ahr-mah-ree-yo

cloud   **(la) nube**
(lah) noo-beh

clown   **(el) payaso**
(ehl) pah-yah-so

coat   **(el) abrigo**
(ehl) ah-bree-go

coffee   **(el) café**
(ehl) kah-feh

cold   **frío**
free-oh

a b **c** d e f g h i j k l m n o p q r s t u v w x y z

comb **(el) peine**
(ehl) peh-ee-neh

computer **(la) computadora**
(lah) kom-poo-tah-doh-rah

construction worker **(el) constructor**
(ehl) kon-strook-tor

(to) cook **cocinar**
ko-see-nar

cookie **(la) galleta**
(lah) gah-yeh-tah

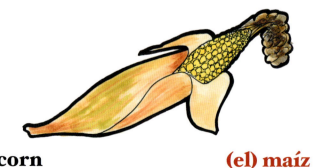

corn **(el) maíz**
(ehl) mah-ees

a b c d e f g h i j k l m n o p q r s t u v w x y z

cracker   **(la) galleta**
(lah) gah-yeh-tah

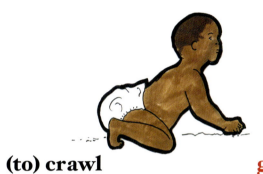

(to) crawl   **gatear**
gah-tee-ahr

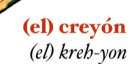

crayon   **(el) creyón**
(el) kreh-yon

crib   **(la) cuna**
(lah) koo-nah

crocodile   **(el) cocodrilo**
(el) ko-ko-dree-lo

(to) cry   **llorar**
yor-ahr

curtain   **(la) cortina**
(lah) kor-tee-nah

(to) dance   **bailar**
bah-ee-lahr

deer   **(el) ciervo**
(ehl) see-ehr-voh

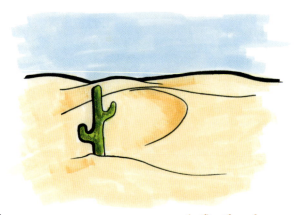

desert   **(el) desierto**
(ehl) deh-see-ehr-toh

desk   **(el) escritorio**
(ehl) es-cree-tor-ee-oh

dessert   **(el) postre**
(ehl) pos-treh

diamond   **(el) diamante**
(ehl) dee-ah-mahn-teh

a b c **d** e f g h i j k l m n o p q r s t u v w x y z

Dd

dinner **(la) comida**
(lah) ko-mee-dah

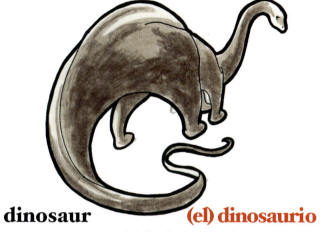

dinosaur **(el) dinosaurio**
(ehl) dee-no-sah-oo-ree-oh

dirty **sucio**
soo-see-oh

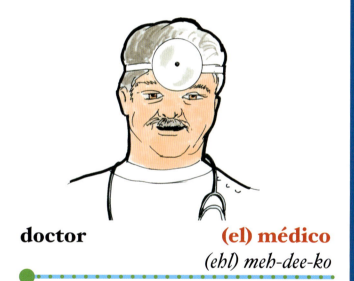

doctor **(el) médico**
(ehl) meh-dee-ko

dog **(el) perro**
(ehl) pehr-ro

doll **(la) muñeca**
(lah) moo-nyeh-kah

a b c **d** e f g h i j k l m n o p q r s t u v w x y z

27

dolphin **(el) delfín**
(elh) del-feen

donkey **(el) burro**
(ehl) bur-roh

door **(la) puerta**
(lah) poo-ehr-tah

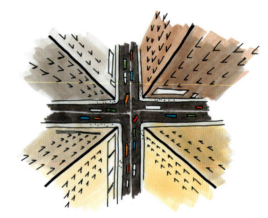

down **abajo**
ah-bah-ho

downstairs **abajo**
ah-bah-ho

dragon **(el) dragón**
(ehl) drah-gon

a b c **d** e f g h i j k l m n o p q r s t u v w x y z

Dd

drawer **(el) cajón**
(ehl) kah-hon

dress **(el) vestido**
(ehl) ves-tee-doh

(to) drink **beber**
beh-behr

drum **(el) tambor**
(ehl) tahm-bor

duck **(el) pato**
(ehl) pah-toh

a b c **d** e f g h i j k l m n o p q r s t u v w x y z

Ee

eagle **(el) águila**
(ehl) ah-gwee-lah

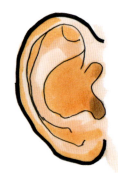

ear **(la) oreja**
(lah) or-eh-hah

earring **(el) arete**
(ehl) ah-reh-teh

(to) eat **comer**
ko-mehr

egg **(el) huevo**
(ehl) woo-eh-voh

a b c d **e** f g h i j k l m n o p q r s t u v w x y z

Ee

eight **ocho**
oh-cho

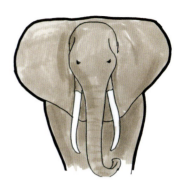

elephant **(el) elefante**
(ehl) ehl-eh-fahn-teh

elevator **(el) ascensor**
(ehl) ah-sehn-sor

empty **vacío**
vah-see-oh

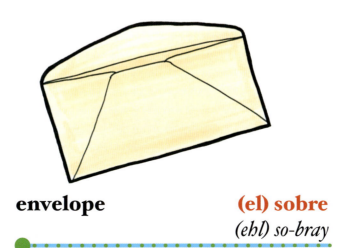

envelope **(el) sobre**
(ehl) so-bray

a b c d **e** f g h i j k l m n o p q r s t u v w x y z

Ee

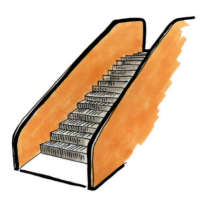

escalator **(la) escalera mecánica**
(lah) ehs-kah-lehr-ah meh-kah-nee-kah

evening **(la) noche**
(lah) no-cheh

eye **(el) ojo**
(ehl) oh-ho

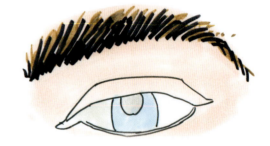

eyebrow **(la) ceja**
(lah) seh-hah

eyeglasses **(los) lentes**
(los) lehn-tehs

a b c d **e** f g h i j k l m n o p q r s t u v w x y z

Ff

face   **(la) cara**
(lah) kah-rah

family   **(la) familia**
(lah) fah-mee-lee-ah

fan   **(el) abanico**
(ehl) ah-bah-nee-koh

father   **(el) padre**
(ehl) pah-dreh

feather   **(la) pluma**
(lah) ploo-mah

(to) feed   **alimentar**
ahl-ee-mehn-tahr

a b c d e **f** g h i j k l m n o p q r s t u v w x y z

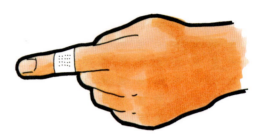

fence **(la) cerca**
(lah) sehr-kah

finger **(el) dedo**
(ehl) deh-doh

fire **(el) fuego**
(ehl) foo-eh-goh

fire engine **(el) camión de bomberos**
(ehl) kah-mee-on deh bom-behr-ohs

firefighter **(el) bombero**
(ehl) bom-behr-oh

fish **(el) pez**
(ehl) pehs

a b c d e **f** g h i j k l m n o p q r s t u v w x y z

five **cinco**
seen-koh

flag **(la) bandera**
(lah) bahn-dehr-ah

flashlight **(la) linterna**
(lah) leen-tehr-nah

floor **(el) suelo**
(ehl) soo-eh-lo

flower **(la) flor**
(lah) flor

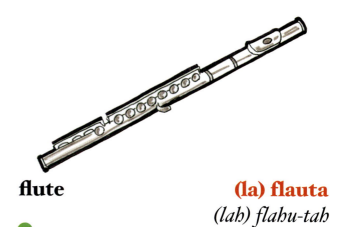

flute **(la) flauta**
(lah) flahu-tah

a b c d e **f** g h i j k l m n o p q r s t u v w x y z

(to) fly — **volar**
voh-lahr

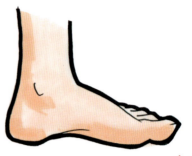

foot — **(el) pie**
(ehl) pee-eh

forest — **(el) bosque**
(ehl) bos-keh

fork — **(el) tenedor**
(ehl) tehn-eh-dor

fountain — **(la) fuente**
(lah) foo-ehn-teh

four — **cuatro**
koo-ah-troh

a b c d e **f** g h i j k l m n o p q r s t u v w x y z

Ff

fox **(el) zorro**
(ehl) sohr-roh

Friday **(el) viernes**
(ehl) vee-ehr-nehs

friend **(el) amigo**
(ehl) ah-mee-go

frog **(la) rana**
(lah) rah-nah

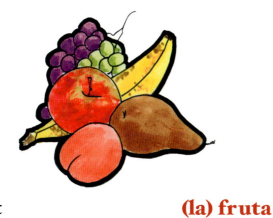

fruit **(la) fruta**
(lah) froo-tah

full **lleno**
yeh-noh

a b c d e **f** g h i j k l m n o p q r s t u v w x y z

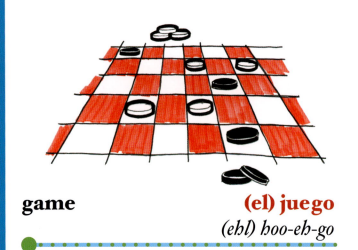

game **(el) juego**
(ehl) hoo-eh-go

garden **(el) jardín**
(ehl) hahr-deen

gasoline **(la) gasolina**
(lah) gahs-oh-leen-ah

gift **(el) regalo**
(ehl) reh-gah-loh

giraffe **(la) jirafa**
(lah) hee-rah-fah

girl **(la) niña**
(lah) neen-yah

a b c d e f **g** h i j k l m n o p q r s t u v w x y z

Gg

(to) give **dar**
dahr

glass **(el) vaso**
(ehl) vah-so

globe **(la) esfera**
(lah) es-feh-rah

golf **(el) golf**
(ehl) gohlf

Good night. **Buenas noches.**
bweh-nahs no-chehs

Good-bye. **Adiós.**
ah-dee-ohs

a b c d e f **g** h i j k l m n o p q r s t u v w x y z

grandfather **(el) abuelo**
(ehl) ah-boo-eh-loh

grandmother **(la) abuela**
(lah) ah-boo-eh-lah

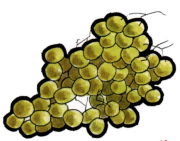

grapes **(las) uvas**
(lahs) oo-vahs

grasshopper **(el) saltamontes**
(ehl) sahl-tah-mon-tehs

green **verde**
vehr-deh

guitar **(la) guitarra**
(lah) gee-tahr-rah

gymnastics **(la) gimnasia**
(lah) geem-nah-see-ah

a b c d e f **g** h i j k l m n o p q r s t u v w x y z

hair **(el) pelo**
(ehl) peh-loh

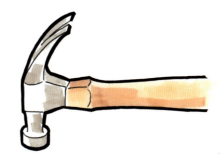

hammer **(el) martillo**
(ehl) mar-tee-yo

hand **(la) mano**
(lah) mah-noh

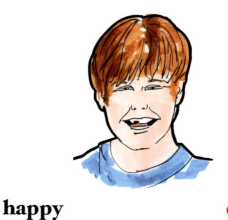

happy **contento**
kon-ten-toh

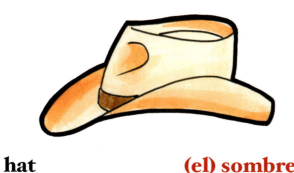

hat **(el) sombrero**
(ehl) som-breh-ro

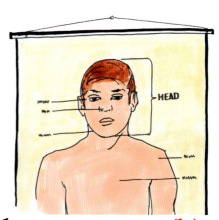

head **(la) cabeza**
(lah) kah-beh-sah

a b c d e f g **h** i j k l m n o p q r s t u v w x y z

heart	**(el) corazón**
	(ehl) kor-ah-son

helicopter	**(el) helicóptero**
	(ehl) ehl-ee-kop-tehr-oh

Hello.	**Hola.**
	oh-lah

(to) hide	**esconder**
	ehs-kon-dehr

highway	**(la) carretera**
	(lah) kahr-reh-tehr-ah

hippopotamus	**(el) hipopótamo**
	(ehl) ee-poh-poh-tah-mo

a b c d e f g **h** i j k l m n o p q r s t u v w x y z

Hh

horse **(el) caballo**
(ehl) kah-bah-yo

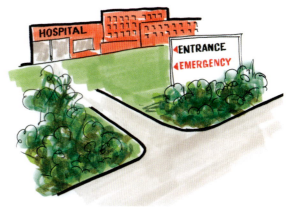

hospital **(el) hospital**
(ehl) os-pee-tahl

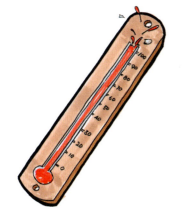

hot **calor**
kah-lor

house **(la) casa**
(lah) kah-sah

(to) hug **abrazar**
ah-brah-sar

a b c d e f g **h** i j k l m n o p q r s t u v w x y z

ice cream   **(el) helado**
(ehl) eh-lah-doh

ice cube   **(el) cubito de hielo**
(ehl) koo-bee-toh deh ee-yeh-loh

ice-skating (el) patinaje sobre hielo
(ehl) pah-tee-nah-heh so-breh ee-yay-loh

island   **(la) isla**
(lah) ees-lah

a b c d e f g h **i** j k l m n o p q r s t u v w x y z

jacket **(la) chaqueta**
(lah) chah-keh-tah

jam **(la) mermeladam**
(lah) mehr-meh-lah-dah

jar **(el) tarro**
(el) tahr-ro

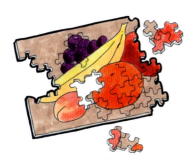

jigsaw puzzle **(el) rompecabezas**
(ehl) rom-peh-kah-beh-sahs

juice **(el) jugo**
(ehl) hoo-go

(to) jump **saltar**
sahl-tar

jungle **(la) selva**
(lah) sehl-vah

a b c d e f g h i **j** k l m n o p q r s t u v w x y z

kangaroo **(el) canguro**
(el) kahn-goo-roh

key **(la) llave**
(lah) yah-veh

king **(el) rey**
(ehl) reh-ee

kiss **(el) beso**
(ehl) beh-soh

kitchen **(la) cocina**
(lah) koh-see-nah

a b c d e f g h i j **k** l m n o p q r s t u v w x y z

Kk

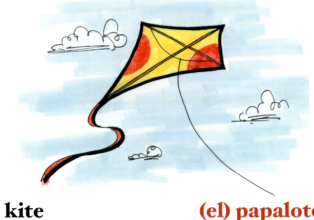

kite **(el) papalote**
(ehl) pah-pah-lo-teh

kitten **(el) gatito**
(ehl) gah-tee-toh

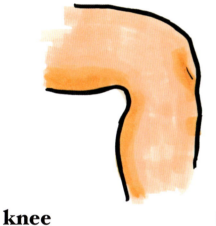

knee **(la) rodilla**
(lah) roh-dee-yah

knife **(el) cuchillo**
(ehl) koo-chee-yo

knot **(el) nudo**
(ehl) noo-doh

a b c d e f g h i j **k** l m n o p q r s t u v w x y z

ladder   **(la) escalera de mano**
(lah) ehs-kah-lehr-ah deh mah-noh

ladybug   **(la) mariquita**
(lah) mah-ree-kee-tah

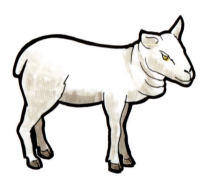

lamb   **(el) cordero**
(ehl) kor-dehr-oh

lamp   **(la) lámpara**
(lah) lahm-pah-rah

(to) laugh   **reírse**
reh-eer-seh

a b c d e f g h i j k **l** m n o p q r s t u v w x y z

leaf	**(la) hoja**	leg	**(la) pierna**
	(lah) oh-hah		*(lah) pee-ehr-nah*

lemon	**(el) limón**	library	**(la) biblioteca**
	(ehl) lee-mon		*(lah) bee-blee-oh-teh-kah*

lion **(el) león**
(ehl) leh-own

a b c d e f g h i j k **l** m n o p q r s t u v w x y z

living room   **(la) sala**
(lah) sah-lah

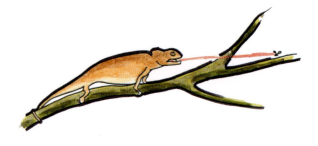

lizard   **(el) lagarto**
(ehl) lah-gahr-toh

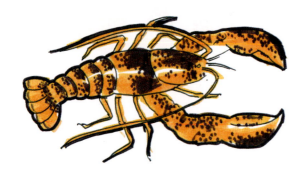

lobster   **(la) langosta**
(lah) lahn-go-stah

loud   **fuerte**
foo-ehr-teh

lunch   **(el) almuerzo**
(ehl) ahl-moo-ehr-so

a b c d e f g h i j k **l** m n o p q r s t u v w x y z

Mm

mail carrier   **(la) cartera**
(lah) kahr-tehr-ah

mailbox   **(el) buzón**
(ehl) bu-son

man   **(el) hombre**
(ehl) om-breh

map   **(el) mapa**
(ehl) mah-pah

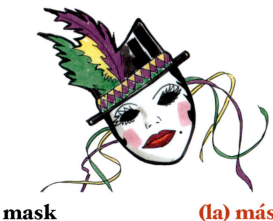

mask   **(la) máscara**
(lah) mah-scah-rah

medicine   **(la) medicina**
(lah) meh-dee-see-nah

a b c d e f g h i j k l **m** n o p q r s t u v w x y z

menu   **(el) menú**
(ehl) meh-noo

milk   **(la) leche**
(lah) leh-cheh

mirror   **(el) espejo**
(ehl) es-peh-ho

mitten   **(el) mitón**
(ehl) mee-ton

Monday   **(el) lunes**
(ehl) loo-nehs

a b c d e f g h i j k l **m** n o p q r s t u v w x y z

Mm

money **(el) dinero**
(ehl) dee-nehr-oh

monkey **(el) mono**
(ehl) moh-noh

moon **(la) luna**
(lah) loo-nah

morning **(la) mañana**
(lah) mah-nyah-nah

mother **(la) madre**
(lah) mah-dreh

a b c d e f g h i j k l m n o p q r s t u v w x y z

mountain   **(la) montaña**
(lah) mon-tahn-yah

mouse   **(el) ratón**
(ehl) rah-ton

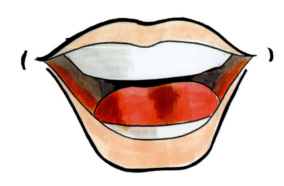

mouth   **(la) boca**
(lah) bo-kah

movie theater   **(el) cine**
(ehl) see-neh

museum   **(el) museo**
(ehl) moo-seh-oh

a b c d e f g h i j k l **m** n o p q r s t u v w x y z

nail **(el) clavo**
(ehl) klah-voh

name **(el) nombre**
(ehl) nom-breh

napkin **(la) servilleta**
(la) sehr-vee-yeh-tah

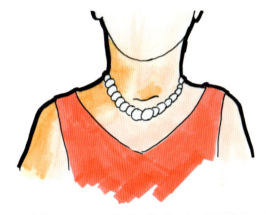

necklace **(el) collar**
(ehl) koh-lahr

neighborhood **(la) vecindad**
(lah) veh-seen-dahd

a b c d e f g h i j k l m **n** o p q r s t u v w x y z

nest   **(el) nido**
(ehl) nee-doh

newspaper   **(el) periódico**
(ehl) pehr-ee-oh-dee-koh

night   **(la) noche**
(lah) noh-cheh

nine   **nueve**
noo-eh-veh

nurse   **(la) enfermera**
(lah) ehn-fehr-mehr-ah

a b c d e f g h i j k l m **n** o p q r s t u v w x y z

ocean   **(el) océano**
(ehl) oh-seh-ah-noh

old   **viejo**   one   **uno**
vee-eh-ho   *oo-noh*

(to) open   **abrir**   orange [color]   **naranja**
ahb-reer   *nah-rahn-hah*

orange [fruit]   **(la) naranja**   oven   **(el) horno**
(lah) nah-rahn-hah   *(ehl) or-noh*

a b c d e f g h i j k l m n **o** p q r s t u v w x y z

paint **(la) pintura**
(lah) peen-too-rah

pajamas **(el) pijama**
(ehl) pee-hah-mah

pants **(los) pantalones**
(los) pahn-tah-loh-nehs

paper **(el) papel**
(ehl) pah-pehl

park **(el) parque**
(ehl) pahr-keh

parking lot **(el) estacionamiento**
(ehl) ehs-tah-see-on-ah-mee-ehn-toh

parrot **(el) loro**
(ehl) loh-roh

party **(la) fiesta**
(lah) fee-ehs-tah

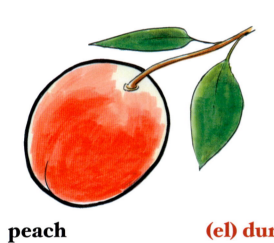

peach **(el) durazno**
(ehl) doo-rah-snoh

pear **(la) pera**
(lah) peh-rah

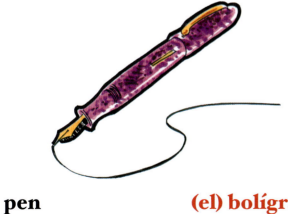

pen **(el) bolígrafo**
(ehl) boh-lee-grah-foh

pencil **(el) lápiz**
(ehl) lah-peez

a b c d e f g h i j k l m n o **p** q r s t u v w x y z

people **(la) gente**
(lah) hehn-teh

pepper **(el) pimiento**
(ehl) pee-mee-ehn-toh

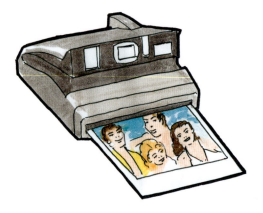

photograph **(la) fotografía**
(lah) foh-toh-grah-fee-ah

piano **(el) piano**
(ehl) pee-ah-noh

pie **(el) pastel**
(ehl) pahs-tehl

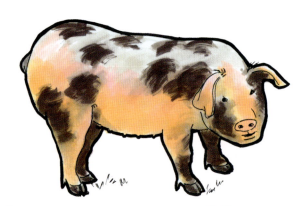

pig **(el) puerco**
(ehl) poo-ehr-koh

a b c d e f g h i j k l m n o **p** q r s t u v w x y z

Pp

pillow   **(la) almohada**
(lah) ahl-mo-hah-dah

pink   **rosa**
ro-sah

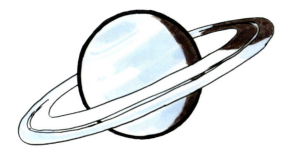

planet   **(el) planeta**
(ehl) plah-neh-tah

plate   **(el) plato**
(ehl) plah-toh

(to) play   **jugar**
hoo-gahr

pocket   **(el) bosillo**
(ehl) boh-see-yoh

a b c d e f g h i j k l m n o **p** q r s t u v w x y z

police officer   **(el) policía**
(ehl) poh-lee-see-ah

post office   **(la) oficina de correos**
(lah) oh-fee-see-nah deh kohr-reh-ohs

pot   **(la) olla**
(lah) oh-yah

potato   **(la) papa**
(lah) pah-pah

(to) pull   **tirar de**
tee-rar deh

pumpkin   **(la) calabaza**
(lah) kah-lah-bah-sah

a b c d e f g h i j k l m n o **p** q r s t u v w x y z

puppet   **(la) marioneta**
(lah) mah-ree-oh-neh-tah

puppy   **(el) perrito**
(ehl) pehr-ree-toh

purple   **morado**
moh-rah-doh

purse   **(la) bolsa**
(lah) bohl-sah

queen   **(la) reina**
(lah) reh-nah

quiet   **silencio**
see-lehn-see-oh

a b c d e f g h i j k l m n o **p q** r s t u v w x y z

rabbit **(el) conejo**
(ehl) koh-neh-ho

radio **(la) radio**
(lah) rah-dee-oh

rain **(la) lluvia**
(lah) yoo-vee-ah

rainbow **(el) arco iris**
(ehl) ahr-ko eer-ees

(to) read **leer**
leh-ehr

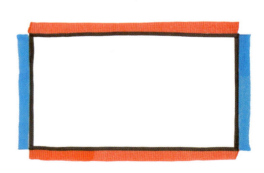

rectangle **(el) rectángulo**
(ehl) rehk-tahn-goo-loh

a b c d e f g h i j k l m n o p q **r** s t u v w x y z

red   **rojo**
roh-ho

refrigerator   **(el) refrigerador**
(ehl) reh-free-hehr-ah-dor

restaurant   **(el) restaurante**
(ehl) rehs-tau-rahn-teh

rice   **(el) arroz**
(ehl) ahr-rohz

(to) ride   **montar**
mon-tahr

ring   **(el) anillo**
(ehl) ah-nee-yo

a b c d e f g h i j k l m n o p q **r** s t u v w x y z

river   **(el) río**
(ehl) ree-oh

road   **(la) calle**   rock   **(la) roca**
(lah) kah-yeh   *(lah) roh-kah*

roof   **(el) tejado**   rooster   **(el) gallo**
(ehl) teh-ha-doh   *(ehl) gah-yo*

rose   **(la) rosa**   (to) run   **correr**
(lah) roh-sah   *kor-rehr*

a b c d e f g h i j k l m n o p q **r** s t u v w x y z

sad — **triste**
tree-steh

salad — **(la) ensalada**
(lah) ehn-sahl-ah-dah

salt — **(la) sal**
(lah) sahl

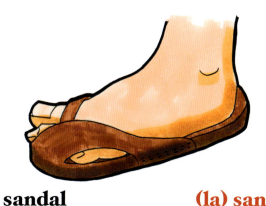

sandal — **(la) sandalia**
(lah) sahn-dahl-ee-ah

sandwich — **(el) sándwich**
(ehl) sahnd-weech

Saturday — **(el) sábado**
(ehl) sah-bah-doh

a b c d e f g h i j k l m n o p q r **s** t u v w x y z

saxophone **(el) saxofón**
(ehl) sahk-soh-fon

scarf **(la) bufanda**
(lah) boo-fahn-dah

school **(la) escuela**
(lah) es-koo-eh-lah

scissors **(las) tijeras**
(lahs) tee-heh-rahs

screwdriver **(el) destornillador**
(ehl) dehs-tor-nee-yah-dor

seesaw **(el) balancín**
(ehl) bah-lahn-seen

a b c d e f g h i j k l m n o p q r **S** t u v w x y z

seven   **siete**
see-eh-teh

shark   **(el) tiburón**
(ehl) tee-boo-ron

sheep   **(la) oveja**
(lah) oh-veh-hah

shell   **(la) concha**
(lah) kon-chah

shirt   **(la) camisa**
(lah) kah-mee-sah

shoe   **(el) zapato**
(ehl) sah-pah-toh

a b c d e f g h i j k l m n o p q r **s** t u v w x y z

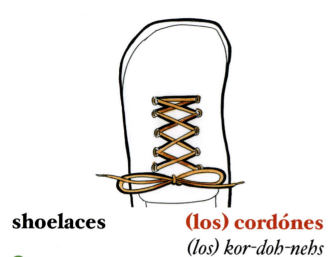

shoelaces **(los) cordónes**
(los) kor-doh-nehs

short **corto**
kor-toh

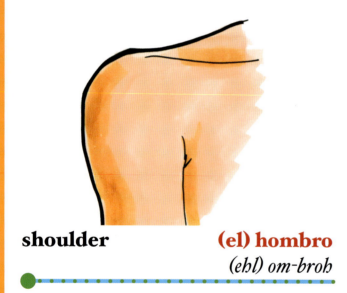

shoulder **(el) hombro**
(ehl) om-broh

(to) shout **gritar**
gree-tahr

sick **enfermo**
en-fehr-mo

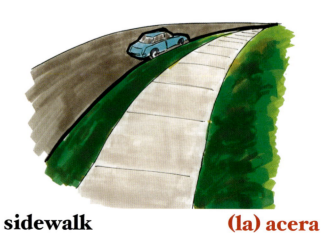

sidewalk **(la) acera**
(lah) ah-seh-rah

a b c d e f g h i j k l m n o p q r **s** t u v w x y z

(to) sing   cantar
kahn-tahr

sink   (el) fregadero
(el) freh-gah-deh-roh

sister   (la) hermana
(lah) ehr-mah-nah

(to) sit   sentar(se)
sehn-tahr-seh

six   seis
seh-ees

skiing   (el) esquí
(ehl) ehs-kee

a b c d e f g h i j k l m n o p q r s t u v w x y z

Ss

skirt **(la) falda**
(lah) fahl-dah

sky **(el) cielo**
(ehl) see-eh-loh

sled **(el) trineo**
(ehl) tree-neh-oh

(to) sleep **dormir**
dor-meer

slide **(el) tobogán**
(ehl) toh-boh-gahn

small **pequeño**
peh-keh-nyo

a b c d e f g h i j k l m n o p q r **s** t u v w x y z

(to) smile — **sonreír**
son-reh-eer

smoke — **(el) humo**
(ehl) oo-moh

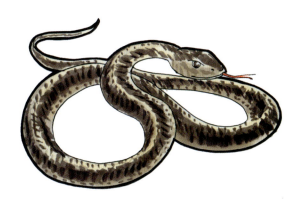

snake — **(la) serpiente**
(lah) sehr-pee-en-teh

(to) sneeze — **estornudar**
ehs-tor-nu-dahr

snow — **(la) nieve**
(lah) nee-eh-veh

soap — **(el) jabón**
(ehl) hah-bon

a b c d e f g h i j k l m n o p q r **s** t u v w x y z

soccer **(el) fútbol**
(ehl) foot-bol

sock **(el) calcetín**
(ehl) kahl-seh-teen

sofa **(el) sofá**
(ehl) so-fah

soup **(la) sopa**
(lah) so-pah

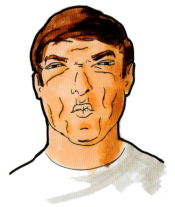

sour **agrio**
ah-gree-oh

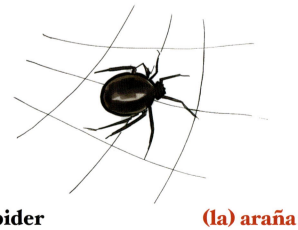

spider **(la) araña**
(lah) ah-rahn-yah

a b c d e f g h i j k l m n o p q r **s** t u v w x y z

Ss

spoon	**(la) cuchara** *(lah) koo-chah-rah*
spring	**(la) primavera** *(lah) pree-mah-veh-rah*
square	**(el) cuadrado** *(ehl) kwah-drah-doh*
squash	**(la) calabaza** *(lah) kah-lah-bah-sah*
squirrel	**(la) ardilla** *(lah) ahr-dee-yah*
(to) stand	**estar de pie** *ehs-tahr deh pee-eh*

a b c d e f g h i j k l m n o p q r **s** t u v w x y z

star **(la) estrella**
(lah) ehs-treh-yah

steps **(la) escalera**
(lah) ehs-kah-leh-rah

stomach **(el) estómago**
(ehl) ehs-toh-mah-go

strawberry **(la) fresa**
(lah) freh-sah

street **(la) calle**
(lah) kah-yeh

stroller **(la) carreola**
(lah) cahr-ree-oh-lah

subway **(el) metro**
(ehl) meh-tro

a b c d e f g h i j k l m n o p q r **s** t u v w x y z

sugar **(el) azúcar**
(ehl) ah-soo-kahr

suitcase **(la) maleta**
(lah) mah-leh-tah

summer **(el) verano**
(ehl) vehr-ah-no

sun **(el) sol**
(ehl) sol

Sunday **(el) domingo**
(ehl) doh-meen-go

supermarket (el) supermercado
(ehl) su-pehr-mehr-kah-doh

surprised **sorprendido**
sor-prehn-dee-doh

a b c d e f g h i j k l m n o p q r **s** t u v w x y z

sweater   **(el) suéter**
(ehl) soo-eh-tehr

sweet   **dulce**
dool-seh

(to) swim   **nadar**
nah-dahr

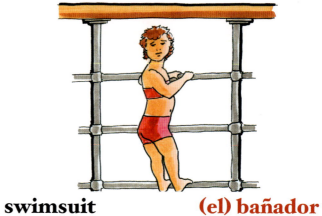

swimsuit   **(el) bañador**
(ehl) bah-nyah-dor

swing   **(el) columpio**
(ehl) ko-loom-pee-oh

a b c d e f g h i j k l m n o p q r **s** t u v w x y z

table **(la) mesa**
(lah) meh-sah

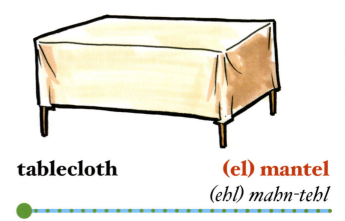

tablecloth **(el) mantel**
(ehl) mahn-tehl

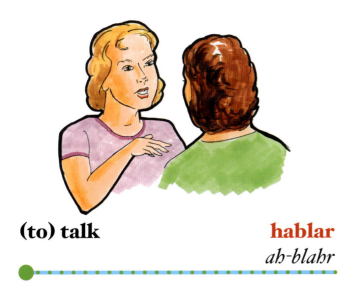

(to) talk **hablar**
ah-blahr

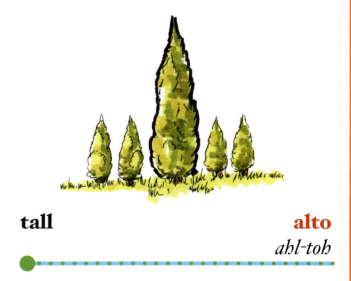

tall **alto**
ahl-toh

taxi **(el) taxi**
(ehl) tahk-see

tea **(el) té**
(ehl) teh

a b c d e f g h i j k l m n o p q r s **t** u v w x y z

teacher **(la) maestra**
(lah) mah-eh-strah

teddy bear **(el) oso de juguete**
(ehl) oh-so deh hoo-geh-teh

telephone **(el) teléfono**
(ehl) tehl-eh-foh-noh

television **(la) televisión**
(lah) tehl-eh-vee-see-on

ten **diez**
dee-ehs

tennis **(el) tenis**
(ehl) tehn-ees

a b c d e f g h i j k l m n o p q r s **t** u v w x y z

tent **(la) tienda**
(lah) tee-ehn-dah

three **tres**
trehs

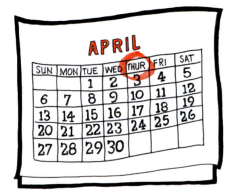

Thursday **(el) jueves**
(ehl) hoo-eh-vehs

(to) tie **atar**
ah-tar

tiger **(el) tigre**
(ehl) tee-greh

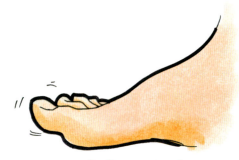

toe **(el) dedo (del pie)**
(ehl) deh-doh (dehl pee-eh)

a b c d e f g h i j k l m n o p q r s **t** u v w x y z

tomato **(el) tomate**
(ehl) toh-mah-teh

tooth **(el) diente**
(ehl) dee-ehn-teh

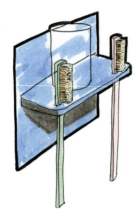

toothbrush (el) cepillo de dientes
(ehl) seh-pee-yo deh dee-ehn-tehs

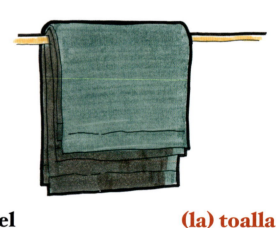

towel **(la) toalla**
(lah) toh-ah-yah

toy **(el) jugete**
(ehl) hoo-geh-teh

train **(el) tren**
(ehl) trehn

a b c d e f g h i j k l m n o p q r s t u v w x y z

trash can **(el) cubo de la basura**
(ehl) koo-boh deh lah bah-su-rah

tree **(el) árbol**
(ehl) ahr-bohl

triangle **(el) triángulo**
(ehl) tree-ahn-goo-loh

truck **(el) camión**
(ehl) kah-mee-on

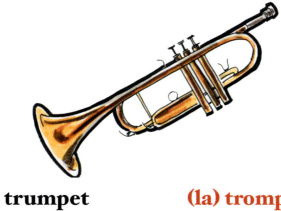

trumpet **(la) trompeta**
(lah) trom-peh-tah

a b c d e f g h i j k l m n o p q r s **t** u v w x y z

Tuesday   **(el) martes**
(ehl) mahr-tehs

tunnel   **(el) túnel**
(ehl) too-nehl

turtle   **(la) tortuga**
(lah) tor-too-gah

twins   **(los) gemelos**
(los) heh-meh-lohs

2

two   **dos**
dohs

a b c d e f g h i j k l m n o p q r s **t** u v w x y z

umbrella	**(el) paraguas** *(ehl) pah-rah-gwahs*	**uncle**	**(el) tío** *(ehl) tee-oh*

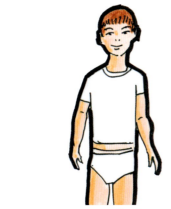

underwear	**(la) ropa interior** *(lah) ro-pah een-tehr-ee-or*	**up**	**arriba** *ah-ree-bah*

upstairs   **arriba**
ah-ree-bah

a b c d e f g h i j k l m n o p q r s t **u** v w x y z

vacation **(las) vacaciones**
(lah) vah-kah-see-on-ehs

valley **(el) valle**
(ehl) vah-yeh

vegetable **(la) verdura**
(lah) vehr-doo-rah

violin **(el) violín**
(ehl) vee-oh-leen

a b c d e f g h i j k l m n o p q r s t u **v** w x y z

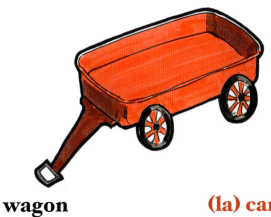

wagon **(la) carreta**
(lah) kah-reh-tah

waiter **(el) camarero**
(ehl) kah-mah-rehr-oh

(to) wake up **despertar(se)**
dehs-pehr-tahr-seh

(to) walk **andar**
ahn-dahr

wall **(la) pared**
(lah) pah-rehd

wallet **(la) billetera**
(lah) bee-yeh-tehr-ah

a b c d e f g h i j k l m n o p q r s t u v **W** x y z

(to) wash   **lavar**
lah-vahr

watch   **(el) reloj**
(ehl) reh-loh

(to) watch   **mirar**
mee-rahr

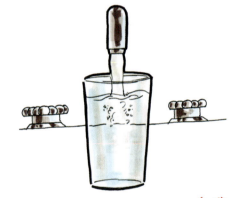

water   **(el) agua**
(ehl) ah-gwah

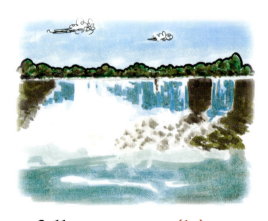

waterfall   **(la) cascada**
(lah) kahs-kah-dah

watermelon   **(la) sandía**
(lah) sahn-dee-ah

a b c d e f g h i j k l m n o p q r s t u v **w** x y z

Wednesday   **(el) miércoles**
(ehl) mee-ehr-ko-lehs

wet   **mojado**
mo-hah-doh

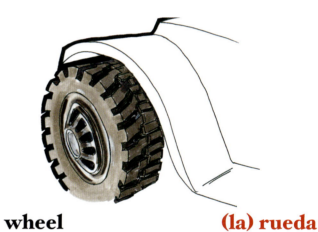

whale   **(la) ballena**
(lah) bah-yeh-nah

wheel   **(la) rueda**
(lah) roo-eh-dah

(to) whisper   **susurrar**
soo-soo-rahr

whistle   **(el) silbato**
(ehl) seel-bah-toh

a b c d e f g h i j k l m n o p q r s t u v **w** x y z

white   **blanco**
blahn-koh

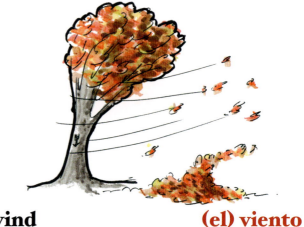

wind   **(el) viento**
(ehl) vee-ehn-toh

window   **(la) ventana**
(lah) vehn-tah-nah

wings   **(las) alas**
(lahs) ah-lahs

winter   **(el) invierno**
(ehl) een-vee-ehr-no

wolf   **(el) lobo**
(ehl) loh-boh

woman   **(la) mujer**
(lah) moo-hehr

wood   **(la) madera**
(lah) mah-dehr-ah

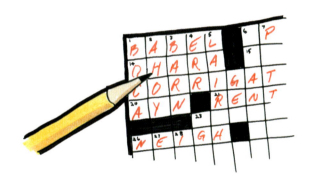

word   **(la) palabra**
(lah) pah-lah-brah

(to) work   **trabajar**
trah-bah-hahr

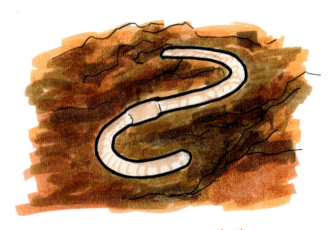

worm   **(el) gusano**
(ehl) goo-sah-noh

(to) write   **escribir**
ehs-kree-beer

a b c d e f g h i j k l m n o p q r s t u v **W** x y z

x-ray **(la) radiografía**
(lah) rah-dee-oh-grah-fee-ah

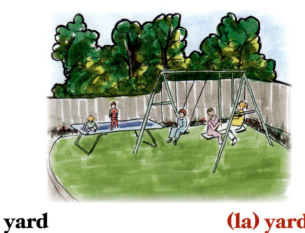

yard **(la) yarda**
(lah) yahr-dah

(to) yawn **bostezar**
bos-teh-sahr

yellow **amarillo**
ah-mah-ree-yo

yogurt **(el) yogur**
(ehl) yo-gur

young **joven**
ho-vehn

a b c d e f g h i j k l m n o p q r s t u v w **x y** z

zebra **(la) cebra**
(lah) seh-brah

zipper **(la) cierre**
(ehl) see-ehr-reh

zoo **(el) zoológico**
(ehl) zoh-oh-lo-hee-ko

a b c d e f g h i j k l m n o p q r s t u v w x y **z**

Everyday Expressions

ENGLISH	TRANSLATION	PRONUNCIATION
Congratulations	¡Felicitaciones!	feh-lee-see-tah-see-on-ehs
Excuse me.	Perdóname.	pehr-doh-nah-meh
Good morning!	¡Buenos días!	boo-eh-nos dee-ahs
How?	¿Cómo?	ko-mo
How are you?	¿Cómo está usted?	ko-mo ehs-tah oos-tehd
How many?	¿Cuántos?	kwahn-tohs
How much?	¿Cuánto?	kwahn-toh
I beg your pardon?	¿Perdóname?	pehr-doh-nah-meh
I know... [something]	Yo sé...	yo seh
I don't know...[something]	Yo no sé...	yo no seh
I like...	Me gusta...	meh goos-tah
I don't like...	No me gusta...	no meh goos-tah
I want to...	Quiero...	kee-ehr-oh
I don't want to...	No quiero...	no kee-ehr-oh
I'm fine.	Estoy muy bien.	ehs-toy moo-ee bee-ehn
I'm sorry.	Lo siento.	lo see-ehn-toh
May I introduce you to...?	¿Puedo presentar a...?	poo-eh-doh preh-sehn-tahr ah
No.	No.	no
Please.	Por favor.	por fah-vor
Pleased to meet you.	Encantado.	ehn-kahn-tah-doh
See you tomorrow!	¡Hasta mañana!	ahs-tah mah-nyah-nah
Thank you.	Gracias.	grah-see-ahs
Thank you very much!	¡Muchas gracias!	mu-chahs grah-see-ahs
Welcome!	¡Bienvenidos!	bee-ehn-vehn-ee-dohs
What?	¿Qué?	keh
What is your name?	¿Cómo se llama?	ko-mo seh yah-mah
My name is...	Me llamo...	meh yah-moh
When?	¿Cuándo?	kwahn-doh
Where?	¿Dónde?	don-deh?
Who?	¿Quién?	kee-ehn
Why?	¿Por qué?	por keh
Yes.	Sí.	see
You're welcome.	De nada.	deh nah-dah

Honorifics & Pronouns

ENGLISH	TRANSLATION	PRONUNCIATION
Mr.	Señor	sehn-yor
Miss	Señorita	sehn-yor-ee-tah
Mrs.	Señora	sehn-yor-ah
I	yo	yo
you (one person, familiar)	tú	too
you (one person, polite)	usted	oo-sted
he	el	ehl
she	ella	el-yah
it (masculine)	lo	loh
it (feminine)	la	lah
we	nosotros	noh-soh-trohs
you (plural, familiar)	vosotros	voh-soh-trohs
you (plural, polite)	ustedes	oo-stehd-ehs
they	ellos	ehl-yos

Time Expressions

A.M.	de la mañana	deh lah mahn-yah-nah
P.M.	de la tarde, de la noche	deh lah tahr-deh, deh lah no-cheh
today	hoy	oy
yesterday	ayer	ah-yehr
tomorrow	mañana	mahn-yah-nah
midnight	medianoche	meh-dee-ah-noh-cheh
noon	mediodía	meh-dee-oh-dee-ah
What time is it?	¿Qué hora es?	keh or-ah ehs?
The time is...	Son las...	son lahs
0:00 (12:00 A.M.)	medianoche	meh-dee-ah-noh-cheh
1:00	la una	(lah) oo-nah
2:00	las dos	(lahs) dohs
3:00	las tres	(lahs) trehs
4:00	las cuatro	(lahs) kwah-troh
5:00	las cinco	(lahs) seen-koh
6:00	las seis	(lahs) seh-ees
7:00	las siete	(lahs) see-eht-eh
8:00	las ocho	(lahs) oh-cho
9:00	las nueve	(lahs) noo-eh-veh

Time Expressions, continued

ENGLISH	TRANSLATION	PRONUNCIATION
10:00	las diez	(lahs) dee-ehs
11:00	las once	(lahs) on-seh
12:00	el mediodía	(ehl) meh-dee-oh-dee-ah
13:00 (1:00 P.M.)	las trece	(lahs) treh-seh
14:00 (2:00 P.M.)	las catorce	(lahs) kah-tor-seh
15:00 (3:00 P.M.)	las quince	(lah) keen-seh
16:00 (4:00 P.M)	las dieciséis	(lahs) dee-eh-see-seh-ees
17:00 (5:00 P.M.)	las diecisiete	(lahs) dee-eh-see-see-eh-teh
18:00 (6:00 P.M.)	las dieciocho	(lahs) dee-eh-see-oh-cho
19:00 (7:00 P.M.)	las diecinueve	(lahs) dee-eh-see-nu-eh-veh
20:00 (8:00 P.M)	las veinte	(lahs) beh-een-teh
21:00 (9:00 P.M.)	las veintiuno	(lahs) beh-een-teh-oo-no
22:00 (10:00 P.M.)	las veintidós	(lahs) beh-een-tee-dohs
23:00 (11:00 P.M.)	las veintitrés	(lahs) beh-een-teh-trehs
a quarter after	son las .. y cuarto	son lahs ... ee kwahr-toh
half past	son las ... y media	son lahs ... ee meh-dee-ah
three quarters after	son las ... menos cuarto	son lahs ...meh-nohs kwahr-toh
a quarter til'	son las ... menos cuarto	son lahs ... meh-nohs kwahr-toh

Months

January	enero	eh-neh-roh
February	febrero	feh-breh-ro
March	marzo	mahr-so
April	abril	ah-breel
May	mayo	mah-yo
June	junio	hu-nee-oh
July	julio	hu-lee-oh
August	agosto	ah-goh-stoh
September	septiembre	sehp-tee-ehm-breh
October	octubre	ok-too-breh
November	noviembre	no-vee-ehm-breh
December	diciembre	dee-see-ehm-breh

More Numbers

ENGLISH	TRANSLATION	PRONUNCIATION
eleven (11)	once	on-seh
twelve (12)	doce	doh-seh
thirteen (13)	trece	treh-seh
fourteen (14)	catorce	kah-tor-seh
fifteen (15)	quince	keen-seh
sixteen (16)	dieciséis	dee-eh-see-she-ees
seventeen (17)	diecisiete	dee-eh-see-see-eh-teh
eighteen (18)	dieciocho	dee-eh-see-oh-cho
nineteen (19)	diecinueve	dee-eh-see-noo-eh-veh
twenty (20)	veinte	beh-een-teh
twenty-one (21)	veintiuno	beh-een-teh-oo-noh
twenty-two (22)	veintidós	beh-een-teh-dohs
twenty-three (23)	veintitrés	beh-een-teh-trehs
twenty-four (24)	veinticuatro	beh-een-teh-kwah-troh
twenty-five (25)	veinticinco	beh-een-teh-seen-koh
twenty-six (26)	veintiséis	beh-een-teh-she-ees
twenty-seven (27)	veintisiete	beh-een-teh-see-eh-teh
twenty-eight (28)	veintiocho	beh-een-teh-oh-cho
twenty-nine (29)	veintinueve	beh-een-teh-noo-eh-veh
thirty	treinta	treh-een-tah
forty	cuarenta	kwah-rehn-tah
fifty	cincuenta	seen-kwehn-tah
sixty	sesenta	seh-sehn-tah
seventy	setenta	seh-tehn-tah
eighty	ochenta	oh-chehn-tah
ninety	noventa	no-vehn-tah
one hundred	cien	see-ehn
one thousand	mil	meel
ten thousand	diez mil	dee-ehs meel
hundred thousand	cien mil	see-ehn meel
one million	un millón	oon-mee-yon
one billion	mil millones	meel mee-yo-nehs
one trillion	un billón	oon bee-yon

Spanish - English Dictionary

A

abajo	down, downstairs
(el) abanico	fan
(la) abeja	bee
abrazar	(to) hug
(el) abrigo	coat
abril	April
abrir	(to) open
(la) abuela	grandmother
(el) abuelo	grandfather
(la) acera	sidewalk
Adiós.	Good-bye.
agosto	August
agrio	sour
(el) agua	water
(el) águila	eagle
(las) alas	wings
(el) alfabeto	alphabet
(la) alfombra	carpet
alimentar	(to) feed
(la) almohada	pillow
(el) almuerzo	lunch
alto	tall
amarillo	yellow
(la) ambulancia	ambulance
(el) amigo	friend
andar	(to) walk
(el) anillo	ring
(el) apartamento	apartment
(la) araña	spider
(el) árbol	tree
(el) arca	chest
(el) arco iris	rainbow
(la) ardilla	squirrel
(el) arete	earring
(el) armario	closet
arriba	up, upstairs
(el) arroz	rice
(el) ascensor	elevator
atar	(to) tie
(el) autobús	bus
(el) avión	airplane
ayer	yesterday
(el) azúcar	sugar
azul	blue

B

bailar	(to) dance
(el) balancín	seesaw
(la) ballena	Whale
(la) banana	banana
(el) banco	bank, bench
(la) bandera	flag
(la) bañadera	bathtub
(el) bañador	swimsuit
(el) barco	boat
(el) barril	barrel
(el) bebé	baby
beber	(to) drink
(el) béisbol	baseball
(el) beso	kiss
(la) biblioteca	library
(la) bicicleta	bicycle
¡Bienvenidos!	Welcome!
(un) billón	one trillion
(la) billetera	wallet
blanco	white
(los) bloques	blocks
(la) boca	mouth
(el) bolígrafo	pen
(la) bolsa	purse
(el) bombero	firefighter
(el) bosillo	pocket
(el) bosque	forest
bostezar	(to) yawn
(la) botella	bottle
(el) brazalete	bracelet
(el) brazo	arm
Buenas noches.	Good night.
Buenos días.	Good morning.
(la) bufanda	scarf
(el) burro	donkey
(el) buzón	mailbox

99

Spanish - English Dictionary

C

Spanish	English
el) caballo	horse
(la) cabeza	head
(el) café	coffee
(la) caja	box
(el) cajón	drawer
(la) calabaza	pumpkin, squash
(el) calcetín	sock
(el) calendario	calendar
(la) calle	road
(la) calle	street
calor	hot
(la) cama	bed
(la) cámara	camera
(el) camarero	waiter
(el) camello	camel
(el) camión	truck
(el) camión de bomberos	fire engine
(la) camisa	shirt
(la) campana	bell
(el) canguro	kangaroo
cantar	(to) sing
(la) cara	face
(el) caramelo	candy
(la) carreola	stroller
(la) carreta	wagon
(la) carretera	highway
(el) carro	car
(la) cartera	mail carrier
(la) casa	house
(la) cascada	waterfall
(el) castillo	castle
catorce	fourteen (14)
(las) catorce	14:00 (2:00 P.M.)
(la) cebra	zebra
(la) ceja	eyebrow
(el) cepillo	brush
(el) cepillo de dientes	toothbrush
(la) cerca	fence
(la) cereza	cherry
cerrar	(to) close
(el) cesto	basket
(la) chaqueta	jacket
(el) cielo	sky
cien	one hundred
cien mil	hundred thousand
(el) cierre	zipper
(el) ciervo	deer
cinco	five
(las) cinco	5:00
cincuenta	fifty
(el) cine	movie theater
(el) cinturón	belt
(el) circo	circus
(el) círculo	circle
(la) ciudad	city
(el) clavo	nail
(la) cocina	kitchen
cocinar	(to) cook
(el) cocodrilo	crocodile
(el) collar	necklace
(el) columpio	swing
comer	(to) eat
(la) comida	dinner
¿Cómo?	How?
¿Cómo está usted?	How are you?
¿Cómo se llama?	What is your name?
comprar	(to) buy
(la) computadora	computer
(la) concha	shell
(el) conejo	rabbit
(el) constructor	construction worker
contento	happy
corazón	heart
(el) cordero	lamb
(los) cordones	shoelaces
correr	(to) run
(la) cortina	curtain
corto	short
(el) creyón	crayon
(el) cuadrado	square
¿Cuándo?	When?
¿Cuánto?	How much?
¿Cuántos?	How many?
cuarenta	forty

Spanish - English Dictionary

(el) cuarto de baño	bathroom
cuatro	four
(las) cuatro	4:00
(el) cubito de hielo	ice cube
(el) cubo	bucket
(el) cubo de la basura	trash can
(la) cuchara	spoon
(el) cuchillo	knife
(la) cueva	cave
(el) cumpleaños	birthday
(la) cuna	crib

D

dar	(to) give
de la mañana	A.M.
de la noche	P.M.
de la tarde	P.M.
De nada.	You're welcome.
(el) dedo	finger
(el) dedo (del pie)	toe
(el) delfín	dolphin
(el) desayuno	breakfast
(el) desierto	desert
despertar(se)	(to) wake up
(el) destornillador	screwdriver
(el) diamante	diamond
diciembre	December
diecinueve	nineteen (19)
(las) diecinueve	19:00 (7:00 P.M.)
dieciocho	eighteen (18)
(las) dieciocho	18:00 (6:00 P.M.)
dieciséis	sixteen (16)
(las) dieciséis	16:00 (4:00 P.M)
diecisiete	seventeen (17)
(las) diecisiete	17:00 (5:00 P.M.)
(el) diente	tooth
diez	ten
(las) diez	10:00
diez mil	ten thousand
(el) dinero	money
(el) dinosaurio	dinosaur
doce	twelve (12)
(el) domingo	Sunday
¿Dónde?	Where?
dormir	(to) sleep
dos	two
(las) dos	2:00
(el) dragón	dragon
dulce	sweet
(el) durazno	peach

E

(el) edificio	building
él	he
(el) elefante	elephant
ella	she
ellos	they
Encantado.	Pleased to meet you.
enero	January
(la) enfermera	nurse
enfermo	sick
enojado	angry
(la) ensalada	salad
(la) escalera	steps
(la) escalera de mano	ladder
(la) escalera mecánica	escalator
(el) escaparate	cabinet
(el) escarabajo	beetle
(la) escoba	broom
esconder	(to) hide
escribir	(to) write
(el) escritorio	desk
(la) escudilla	bowl
(la) escuela	school
(la) esfera	globe
(el) espejo	mirror
(el) esquí	skiing
(el) estacionamiento	parking lot
estar de pie	(to) stand
(el) estómago	stomach
estornudar	(to) sneeze
Estoy muy bien.	I'm fine.
(la) estrella	star

F

(la) falda	skirt
(la) familia	family

101

Spanish - English Dictionary

Spanish	English
febrero	February
¡Felicitaciones!	Congratulations!
(la) fiesta	party
(la) flauta	flute
(la) flor	flower
(la) fotografía	photograph
(el) fregadero	sink
(la) fresa	strawberry
(los) frijoles	beans
frío	cold
(la) fruta	fruit
(el) fuego	fire
(la) fuente	fountain
fuerte	loud
(el) fútbol	soccer

G

Spanish	English
(la) galleta	cookie, cracker
(el) gallo	rooster
(la) gasolina	gasoline
gatear	(to) crawl
(el) gatito	kitten
(el) gato	cat
(los) gemelos	twins
(la) gente	people
(la) gimnasia	gymnastics
(el) globo	balloon
(el) golf	golf
Gracias.	Thank you.
grande	big
gritar	(to) shout
(la) guitarra	guitar
(el) gusano	worm

H

Spanish	English
hablar	(to) talk
¡Hasta mañana!	See you tomorrow!
(el) helado	ice cream
(el) helicóptero	helicopter
(la) hermana	sister
(el) hermano	brother
(el) hipopótamo	hippopotamus
(la) hoja	leaf
¡Hola!	Hello!
(el) hombre	man
(el) hombro	shoulder
(la) hormiga	ant
(el) horno	oven
(el) hospital	hospital
hoy	today
(el) huevo	egg
(el) humo	smoke

I

Spanish	English
(el) invierno	winter
(la) isla	island

J

Spanish	English
(el) jabón	soap
(el) jardín	garden
(el) jefe de cocina	chef
(la) jirafa	giraffe
joven	young
(el) juego	game
(el) jueves	Thursday
jugar	(to) play
(el) jugete	toy
(el) jugo	juice
julio	July
junio	June

L

Spanish	English
la	it (*feminine*)
(el) lagarto	lizard
(la) lampara	lamp
(la) langosta	lobster
(el) lápiz	pencil
lavar	(to) wash
(la) leche	milk
leer	(to) read
(los) lentes	eyeglasses
(el) león	lion
(el) libro	book
(el) limón	lemon
(la) linterna	flashlight
(la) llave	key
lleno	full
llevar	(to) carry
llorar	(to) cry

Spanish - English Dictionary

Spanish	English
(la) lluvia	rain
lo	it (*masculine*)
Lo siento.	I'm sorry.
(el) lobo	wolf
(el) loro	parrot
(la) luna	moon
(el) lunes	Monday

M

Spanish	English
(la) madera	wood
(la) madre	mother
(la) maestra	teacher
(el) maíz	corn
(la) maleta	suitcase
mañana	tomorrow
(la) mañana	morning
(la) mano	hand
(la) manta	blanket
(el) mantel	tablecloth
(la) mantequilla	butter
(la) manzana	apple
(el) mapa	map
(la) marioneta	puppet
(la) mariposa	butterfly
(la) mariquita	ladybug
(el) martes	Tuesday
(el) martillo	hammer
marzo	March
(la) máscara	mask
mayo	May
Me gusta...	I like...
Me llamo...	My name is...
medianoche	midnight, 0:00 (12:00 A.M.)
(la) medicina	medicine
(el) médico	doctor
mediodía	noon
(el) mediodía	12:00
(la) mejilla	cheek
(el) menú	menu
(la) mermelada	jam
(la) mesa	table
(el) metro	subway
miedo	afraid
(el) miércoles	Wednesday
mil	one thousand
mil millones	one billion
(un) millón	one million
mirar	(to) watch
(el) mitón	mitten
mojado	wet
(el) mono	monkey
(la) montaña	mountain
montar	(to) ride
morado	purple
¡Muchas gracias!	Thank you very much!
(la) mujer	woman
(la) muñeca	doll
(el) murciélago	bat
(el) museo	museum

N

Spanish	English
nadar	(to) swim
naranja	orange (*color*)
(la) naranja	orange (*fruit*)
negro	black
(el) nido	nest
(la) nieve	snow
(la) niña	girl
(el) niño	boy, child
No.	No.
No me gusta...	I don't like...
No quiero...	I don't want to...
(la) noche	evening, night
(el) nombre	name
nosotros	we
noventa	ninety
noviembre	November
(la) nube	cloud
(el) nudo	knot
nueve	nine
(las) nueve	9:00

O

Spanish	English
(el) océano	ocean
ochenta	eighty
ocho	eight
(las) ocho	8:00

Spanish - English Dictionary

Spanish	English
octubre	October
(la) oficina de correos	post office
(el) ojo	eye
(la) olla	pot
(el) ombligo	bellybutton
(las) once	11:00
once	eleven (11)
(la) oreja	ear
(la) oruga	caterpillar
(el) oso	bear
(el) oso de juguete	teddy bear
(el) otoño	autumn
(la) oveja	sheep

P

Spanish	English
(el) padre	father
(el) pájaro	bird
(la) palabra	word
(el) pan	bread
(los) pantalones	pants
(la) papa	potato
(el) papalote	kite
(el) papel	paper
(el) paraguas	umbrella
pardo	brown
(la) pared	wall
(el) parque	park
(el) pastel	pie
(el) patinaje sobre hielo	ice skating
(el) pato	duck
(el) payaso	clown
(el) peine	comb
(el) pelo	hair
(la) pelota	ball
pequeño	small
(la) pera	pear
Perdóname.	Excuse me.
¿Perdóname?	I beg your pardon?
(el) periódico	newspaper
(el) perrito	puppy
(el) perro	dog
(las) persianas	blinds
(el) pez	fish
(el) piano	piano
(el) pie	foot
(la) pierna	leg
(la) pijama	pajamas
(el) pimiento	pepper
(la) pintura	paint
(el) planeta	planet
(el) plato	plate
(la) playa	beach
(la) pluma	feather
(el) policía	police officer
(el) pollo	chicken
Por favor.	Please.
¿Por qué?	Why?
(el) postre	dessert
(la) primavera	spring
(los) prismáticos	binoculars
¿Puedo presentar a ...?	May I introduce you to...?
(el) puente	bridge
(el) puerco	pig
(la) puerta	door

Q

Spanish	English
¿Qué?	What?
¿Qué hora es?	What time is it?
(el) queso	cheese
¿Quién?	Who?
Quiero...	I want to....
quince	fifteen (15)
(las) quince	15:00 (3:00 P.M.)

R

Spanish	English
(la) radio	radio
(la) radiografía	x-ray
(la) rana	frog
(el) ratón	mouse
(la) recámara	bedroom
(el) rectángulo	rectangle
(el) refrigerador	refrigerator
(el) regalo	gift
(la) reina	queen
reírse	(to) laugh
(el) reloj	clock, watch
(el) restaurante	restaurant
(el) rey	king
(el) río	river

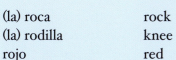

Spanish - English Dictionary

Spanish	English
(la) roca	rock
(la) rodilla	knee
rojo	red
(el) rompecabezas	jigsaw puzzle
(la) ropa interior	underwear
rosa	pink
(la) rosa	rose
(la) rueda	wheel

S

Spanish	English
(el) sábado	Saturday
(la) sal	salt
(la) sala	living room
(el) saltamontes	grasshopper
saltar	(to) jump
(la) sandalia	sandal
(la) sandía	watermelon
(el) sándwich	sandwich
(el) saxofón	saxophone
seis	six
(las) seis	6:00
(la) selva	jungle
Señor	Mr.
Señora	Mrs.
Señorita	Miss
sentar(se)	(to) sit
septiembre	September
(la) serpiente	snake
(la) servilleta	napkin
sesenta	sixty
setenta	seventy
Sí.	Yes.
siete	seven
(las) siete	7:00
(el) silbato	whistle
silencio	quiet
(la) silla	chair
(el) sobre	envelope
(el) sofá	sofa
(el) sol	sun
(el) sombrero	hat
Son las...	The time is...
son las ... menos cuarto	three quarters after
son las ... menos cuarto	a quarter til'
son las ... y cuarto	a quarter after
son las ... y media	half past
sonreír	(to) smile
(la) sopa	soup
sorprendido	surprised
subir	(to) climb
sucio	dirty
(el) suelo	floor
(el) suéter	sweater
(el) supermercado	supermarket
susurrar	(to) whisper

T

Spanish	English
(el) tambor	drum
(el) tarro	jar
(el) taxi	taxi
(el) té	tea
(el) techo	ceiling
(el) tejado	roof
(el) teléfono	telephone
(la) television	television
(el) tenedor	fork
(el) tenis	tennis
(la) tía	aunt
(el) tiburón	shark
(la) tienda	tent
(el) tigre	tiger
(las) tijeras	scissors
(el) tío	uncle
tirar de	(to) pull
(la) toalla	towel
(el) tobagán	slide
(el) tomate	tomato
(la) torta	cake
(la) tortuga	turtle
trabajar	(to) work
trece	thirteen (13)
(las) trece	13:00 (1:00 P.M.)
treinta	thirty
(el) tren	train
tres	three
(las) tres	3:00
(el) triángulo	triangle
(el) trineo	sled
triste	sad
(la) trompeta	trumpet

Spanish - English Dictionary

Spanish	English
tú	you (*one person, familiar*)
(el) túnel	tunnel

U

Spanish	English
(la) una	1:00
uno	one
usted	you (*one person, polite*)
ustedes	you (*plural, polite*)
(las) uvas	grapes

V

Spanish	English
(las) vacaciones	vacation
vacío	empty
(el) valle	valley
(el) vaso	glass
(la) vecindad	neighborhood
(las) veinte	20:00 (8:00 P.M.)
veinte	twenty (20)
veinticinco	twenty-five (25)
veinticuatro	twenty-four (24)
veintidós	twenty-two (22)
(las) veintidós	22:00 (10:00 P.M.)
veintinueve	twenty-nine (29)
veintiocho	twenty-eight (28)
veintiséis	twenty-six (26)
veintisiete	twenty-seven (27)
veintitrés	twenty-three (23)
(las) veintitrés	23:00 (11:00 P.M.)
veintiuno	twenty-one (21)
(las) veintiuno	21:00 (9:00 P.M.)
(la) vela	candle
(la) ventana	window
(el) verano	summer
verde	green
(la) verdura	vegetable
(el) vestido	dress
viejo	old
(el) viento	wind
(el) viernes	Friday
(el) violín	violin
volar	(to) fly
vosotros	you (*plural, familiar*)

Y

Spanish	English
(la) yarda	yard
yo	I
Yo no sé...	I don't know... [*something*]
Yo sé...	I know... [*something*]
(el) yogur	yogurt

Z

Spanish	English
(la) zanahoria	carrot
(el) zapato	shoe
(el) zoológico	zoo
(el) zorro	fox

Also available from Hippocrene Books . . .

Mastering Spanish, Second Edition, with 2 Audio CDs
By Robert Clarke

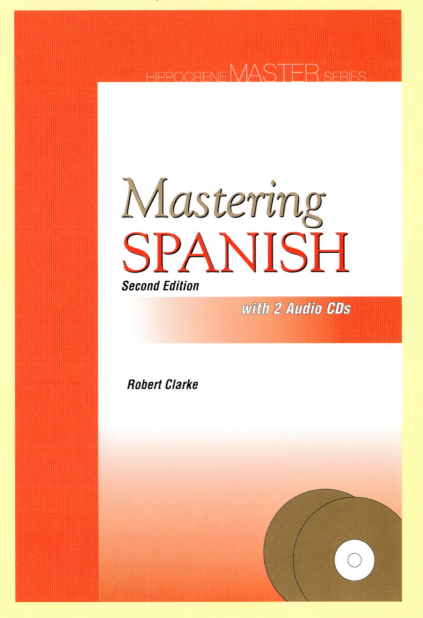

This imaginative, comprehensive course, designed for both individual and classroom use, assumes no previous knowledge of the language. The aim is to provide the student with a general understanding of the language's overall structure as well as the means for basic communication. The unique combination of practical exercises and step-by-step grammar emphasizes a functional approach to mastering the language and acquiring vocabulary. Everyday situations and local customs are explored through dialogues, newspaper extracts, drawings, and photos. Accompanying CDs are included.

392 pages • 6 x 9 • 0-7818-1064-7 • $24.95pb • North American sales only • (68)

Also available from Hippocrene Books...

Instant Spanish Vocabulary Builder
By Tom Means

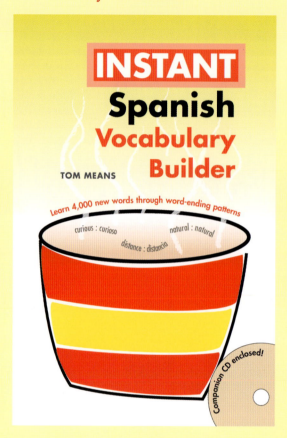

Praise for titles in the *Instant Vocabulary Builder* series:

"This book will certainly further the acquisition of an extended vocabulary for language learners at all levels."
—Professor John Rassias, Dartmouth College

"A very useful tool for students who want to augment their vocabulary skills."
—Professor Fiorenza Weinapple, Princeton University

"An immediate and important link for vocabulary building."
—Professor Armando DiCarlo, University of California at Berkeley

"Excellent for anyone who wants to learn another language painlessly."
—Dr. James Garrison, President, State of the World Forum

This entry in the acclaimed Instant Vocabulary Builder series by Tom Means is devoted to Spanish. Apart from their endings, many words in the language are similar to their English counterparts. This unique book identifies the 24 most common word-ending patterns between these languages and provides over 4,000 words that follow them. Perfect as a classroom supplement or for self-study, this handy reference is appropriate for all ages and levels of experience. The enclosed CD allows the reader to master pronunciation of the most common words and phrases from each chapter by repeating them after a native speaker.

4,000 entries • 232 pages • 6 x 9 • $14.95pb • 0-7818-0981-9 • W • (506)

Also available from Hippocrene Books . . .

Spanish Practical Dictionary

Spanish/English
English/Spanish

By Arthur Swift Butterfield

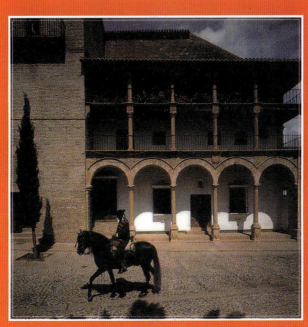

- Over 35,000 entries
- Includes a phonetic guide to pronunciation in both Spanish and English
- Features a handy glossary of menu terms
- Bilingual lists of abbreviations and irregular verbs
- Ideal for students and travelers

35,000 entries • 410 pages • 5 1/2 x 8 1/2 • $12.95pb • 0-7818-0179-6 • W • (211)

Other Hippocrene Titles of Spanish and Latin American Interest

Beginner's Spanish
313 pages • 5 1/2 x 8 1/2 • 0-7818-0840-5 • $14.95pb • (225)

Chilenismos-English/English-Chilenismos Dictionary & Phrasebook
1,500 entries • 150 pages • 3 3/4 x 7 1/2 • 0-7818-1062-0 • $11.95pb • (265)

Dictionary of Latin American Phrases and Expressions
1,900 entries • 178 pages • 5 1/2 x 8 1/2 • 0-7818-0865-0 • $14.95 • (286)

Dictionary of 1,000 Spanish Proverbs: Bilingual
131 pages • 5 x 8 • 0-7818-0412-4 • $11.95pb • (254)

Emergency Spanish Phrasebook
80 pages • 4 1/2 x 7 1/2 • 0-7818-0977-0 • $5.95 • (460)

Folk Tales from Chile
121 pages • 5 x 8 • 15 illustrations • 0-7818-0712-3 • $12.50hc • (785)

Guaranì-English/English-Guaranì Concise Dictionary
7,000 entries • 340 pages • 4 x 6 • 0-7818-1066-3 • $14.95pb • (112)

How to Read Maya Hieroglyphs
360 pages • 6 x 9 • b/w & color photos/illus./maps • 0-7818-0861-8 • $24.00hc • (332)

Maya-English/English-Maya Dictionary & Phrasebook
(Yucatec)
1,500 entries • 180 pages • 3 3/4 x 7 • 0-7818-0859-6 • $12.95pb • (244)

Mexico: An Illustrated History
150 pages • 5 x 7 • 50 illustrations • 0-7818-0690-9 • $11.95pb • (585)

Spanish-English/English-Spanish Compact Dictionary
(Latin American)
3,800 entries • 200 pages • 3 1/8 x 4 5/8 • 0-7818-1041-8 • $8.95 • (649)

Other Hippocrene Titles of Spanish and Latin American Interest

Aprovécho: A Mexican-American Border Cookbook
400 pages • 6 x 9 • 0-7818-1026-4 • $24.95hc • (554)

Secrets of Colombian Cooking
270 pages • 6 x 9 • 2-color • 0-7818-1025-6 • $24.95hc • (560)

Tasting Chile
250 pages • 6 x 9 • 2-Color • 0-7818-1028-0 • $24.95 • (556)

Argentina Cooks!
298 pages • 6 x 9 • 0-7818-0829-4 • $24.95hc • (85)

Spanish-English/English-Spanish Dictionary & Phrasebook
2,000 entries • 250 pages • 3 3/4 x 7 • 0-7818-0773-5 • $11.95pb • (261)

Spanish-English/English-Spanish Concise Dictionary
(Latin American)
8,000 entries • 500 pages • 4 x 6 • 0-7818-0261-X • $11.95pb • (258)

Spanish Learner's Dictionary
14,000 entries • 300 pages • 4 x 6 • 0-7818-0937-1 • $14.95pb • (386)

Spanish Proverbs, Idioms and Slang
350 pages • 6 x 9 • 0-7818-0675-5 • $14.95pb • (760)

Spanish Verbs: Ser and Estar
220 pages • 5 x 8 • 0-7818-0024-2 • $8.95pb • (292)

Tikal: An Illustrated History of the Ancient Maya Capital
271 pages • 6 x 9 • 50 b/w photos/illus./maps • 0-7818-0853-7 • $14.95pb • (101)

Treasury of Spanish Love Poems, Quotations and Proverbs: Bilingual
128 pages • 5 x 7 • 0-7818-0358-6 • $11.95 • (589)

Treasury of Spanish Love Short Stories in Spanish and English
157 pages • 5 x 7 • 0-7818-0298-9 • $11.95 • (604)

Hippocrene Foreign Language Children's Picture Dictionaries

Available in 6 additional languages!

Hippocrene Bengali Children's Picture Dictionary
English-Bengali/Bengali-English
625 entries • 104 pages • 8 1/2 x 11 • $14.95pb • 0-7818-1128-7 • (318)

Hippocrene Brazilian Portuguese Children's Picture Dictionary
English-Brazilian Portuguese/Brazilian Portuguese-English
625 entries • 104 pages • 8 1/2 x 11 • $14.95pb • 0-7818-1131-7 • (358)

Hippocrene Hindi Children's Picture Dictionary
English-Hindi/Hindi-English
625 entries • 104 pages • 8 1/2 x 11 • $14.95pb • 0-7818-1129-5 • (319)

Hippocrene Korean Children's Picture Dictionary
English-Korean/Korean-English
625 entries • 104 pages • 8 1/2 x 11 • $14.95pb • 0-7818-1132-5 • (323)

Hippocrene Polish Children's Picture Dictionary
English-Polish/Polish-English
625 entries • 104 pages • 8 1/2 x 11 • $14.95pb • 0-7818-1127-9 • (328)

Hippocrene Vietnamese Children's Picture Dictionary
English-Vietnamese/Vietnamese-English
625 entries • 104 pages • 8 1/2 x 11 • $14.95pb • 0-7818-1133-3 • (347)

Prices subject to change without prior notice. To order **Hippocrene Books**, contact your local bookstore, call (718) 454-2366, visit www.hippocrenebooks.com, or write to: Hippocrene Books, 171 Madison Avenue, New York, NY 10016. Please enclose check or money order adding $5.00 shipping (UPS) for the first book and $.50 for each additional title.